Despertando Las Déboras Modernas

Un llamado a sanar, afirmar el llamado y volver a escuchar la voz de Dios

Viviana Colon

© 2026 "Despertando Las Déboras Modernas". Por Viviana Colón. Todos los derechos reservados. Prohibida la reproducción total o parcial de esta obra por cualquier medio sin la debida autorización del autor.
ISBN: 979-8-9933302-3-5
Library of Congress Control Number: 2026900213
Editor 'Diego Colon Batiz'
Copyright publicadora 'Diego Colon Ministries'.
Teléfono: 407-900-1995
Email: pastora.vivianacolon@gmail.com
Orlando, Florida, EE. UU

Dedicatoria

Este libro está dedicado, en primer lugar, a Dios. Aquel que llamó, sostuvo y guió cada paso aun cuando no todo estaba claro. Al Dios que habló en lo secreto, que confirmó en el proceso y que fue fiel en cada etapa. Nada de lo escrito aquí tendría sentido sin Su gracia, Su paciencia y Su amor constante.

También está dedicado a mi esposo, quien con su fe, su apoyo y su ejemplo me inspiró a escribir. A quien creyó en mí aun cuando yo dudé. A quien me animó a escuchar la voz de Dios y a no callar lo que Él puso en mi corazón. Gracias por caminar a mi lado, por cubrir, por impulsar y por recordarme el propósito cuando el cansancio quiso hablar más fuerte.

Este libro está dedicado a nuestros hijos: **Emmanuel, Loudiely, Manases y Luis**. Ustedes son una de las razones más profundas por las que decidí obedecer a Dios. Mi oración es que un día puedan leer estas páginas y entender que servir a Dios vale la pena. Que vean que la fe se vive, se camina y se transmite con amor, obediencia y fidelidad a Dios.

Y finalmente, este libro está dedicado a cada mujer que, aun sin darse cuenta, ha sido fuerte cuando sentía que no podía más. A la mujer que ha seguido creyendo en Dios en medio del cansancio, las dudas y las responsabilidades diarias.

A la que ha orado en silencio, ha servido sin reconocimiento y ha amado aun cuando no se ha sentido comprendida.

Está dedicado a la mujer que trabaja fuera de casa y a la que sostiene su hogar día tras día. A la que ha sentido que su voz no siempre es escuchada, pero aun así ha decidido obedecer a Dios. A la que ha pensado que su vida es sencilla, sin saber que Dios ve en ella un propósito eterno.

Este libro es para ti.

Porque Dios sigue despertando Déboras en nuestro tiempo. Y quizá, sin saberlo, tú eres una de ellas.

Prologo

Este libro no fue escrito desde una idea repentina ni desde una inquietud superficial. Nació desde un proceso. Desde conversaciones, silencios, lágrimas, oración y carga espiritual. Nació desde el acompañamiento pastoral a mujeres reales, con historias reales, que aman a Dios, pero que han sido heridas en el camino y, con el tiempo, comenzaron a dudar de su llamado.

He sido testigo cercano de ese proceso. No solo como esposo, sino como pastor. He visto cómo este mensaje se fue formando no en un escritorio, sino en el altar. No desde la teoría, sino desde la vida.

Este libro no intenta levantar una figura, sino restaurar identidades. No busca crear un movimiento, sino despertar convicciones que habían sido apagadas por el dolor, la decepción o el cansancio espiritual.

La autora escribe desde una voz pastoral y maternal. No habla desde la distancia, sino desde la cercanía. No escribe para señalar, sino para acompañar. Cada página refleja una carga genuina por mujeres que un día escucharon la voz de Dios, pero que hoy necesitan volver a creer que ese llamado sigue vigente. Mujeres que no dejaron de amar a Dios, pero que dejaron de confiar en sí mismas.

Este no es un libro escrito para imponer un rol, ni para empujar a nadie a un lugar que Dios no le ha asignado. Es un libro que busca sanar primero, afirmar después y despertar finalmente. Porque antes de levantar, Dios restaura. Antes de enviar, Dios afirma. Y antes de usar, Dios sana.

La figura de Débora no es presentada aquí como un ideal inalcanzable, sino como una evidencia bíblica de lo que Dios hace cuando una mujer decide escuchar Su voz por encima del miedo y la pasividad espiritual que la rodea. Este libro conecta esa verdad bíblica con la realidad de hoy, sin romanticismo y sin presión, pero con claridad y convicción.

Creo firmemente que Dios sigue levantando mujeres para este tiempo, no desde la ambición, sino desde la obediencia. Y creo también que muchas de ellas solo necesitan una cosa: ser despertadas. Este libro es parte de ese despertar.

Mi oración es que quien lo lea no solo encuentre palabras, sino dirección. No solo ánimo, sino afirmación. Y no solo inspiración, sino el valor para volver a creer que Dios aún llama, aún habla y aún usa a mujeres para cumplir Su propósito.

Este libro no fue escrito para impresionar. Y precisamente por eso, tiene peso.

Diego Colón Batiz

Prefacio

Este libro nació en momentos donde muchas preguntas se acumulaban en mi corazón. Momentos donde miraba a mi alrededor y veía mujeres cansadas, mujeres fuertes por fuera pero agotadas por dentro, mujeres que aman a Dios pero que muchas veces dudan de sí mismas. También nació en temporadas donde yo misma tuve que detenerme, escuchar a Dios y volver a recordar quién soy en Él. No surgió desde la perfección, sino desde la realidad.

Al pensar en Débora, no vi solo a una mujer de la Biblia, vi a una mujer común que decidió obedecer a Dios en un tiempo difícil. No era perfecta, pero sí sensible a la voz de Dios. No buscó protagonismo, pero Dios la usó para traer dirección, valentía y esperanza a todo un pueblo. Al estudiar su historia, entendí que Débora no es solo un personaje bíblico, sino un reflejo de lo que Dios puede hacer hoy en la vida de una mujer dispuesta.

Este libro no fue escrito solo para mujeres que se sienten fuertes, sino también para aquellas que se sienten cansadas, inseguras o invisibles. Para la mujer que trabaja fuera de casa y para la que sirve desde su hogar. Para la que lidera públicamente y para la que lucha en silencio. Todas somos vistas por Dios, y todas tenemos un propósito en Él.

Aquí no encontrarás palabras complicadas ni enseñanzas difíciles de entender. Mi deseo es hablarte como una amiga, como una mujer que camina contigo y que también sigue aprendiendo. Quiero que al leer estas páginas puedas identificarte, reflexionar y, sobre todo, escuchar a Dios hablándote de manera personal. No se trata de compararnos con Débora, sino de permitir que Dios despierte lo que Él ya depositó en nosotras.

Creo firmemente que Dios sigue levantando Déboras en este tiempo. Mujeres sensibles a Su voz, valientes en medio de la dificultad y fieles en lo cotidiano. Mi oración es que este libro no solo te inspire, sino que te anime a caminar con más confianza en Dios, a usar tu voz, y a vivir el propósito que Él ha diseñado para ti.

Si al terminar de leer estas páginas sientes el deseo de acercarte más a Dios, de creer nuevamente en lo que Él puede hacer en tu vida, y de levantarte con una fe renovada, entonces este libro habrá cumplido su propósito.

Introducción

Vivimos en un tiempo donde muchas mujeres caminan con un llamado en el corazón, pero con dudas en la mente. Sienten que Dios las ha llamado a algo más, pero no siempre saben qué es o cómo vivirlo. Entre responsabilidades, expectativas y presiones, muchas han aprendido a callar su voz y a minimizar su influencia.

Este libro no fue escrito para mujeres que creen tenerlo todo resuelto. Fue escrito para mujeres reales, con luchas reales, que aman a Dios y desean vivir conforme a Su voluntad. Mujeres que buscan agradar a Dios en su hogar, en la iglesia y en la sociedad.

"Despertando a las Déboras Modernas" no es un llamado a ocupar posiciones, sino a abrazar propósito. No es una invitación a competir, sino a obedecer. No se trata de hacer más, sino de ser fieles a lo que Dios ya nos ha confiado.
A lo largo de estas páginas, caminaremos juntas por la historia de Débora y su significado para hoy.

Exploraremos cómo escuchar la voz de Dios, cómo caminar con valentía, cómo influir con amor y cómo vivir una fe práctica. Cada capítulo está pensado para hablar al corazón, sin complicar el mensaje, pero sin perder profundidad.

Este libro es una invitación a despertar. A reconocer que tu vida, tus palabras y tus decisiones tienen impacto espiritual. A entender que Dios sigue usando mujeres comunes para cumplir propósitos extraordinarios.

Si alguna vez has sentido que Dios te llama, pero no has sabido cómo responder... si has dudado de tu valor o de tu lugar... este libro es para ti. Porque la Débora que Dios quiere usar en este tiempo, puede estar más cerca de lo que imaginas.

Tabla de Contenido

Dedicatoria 3

Prologo 5

Prefacio 7

Introduccion 9

Capitulo 1 El Legado de Débora 13

Capitulo 2 Una Mujer Bajo la Voz de Dios 21

Capitulo 3 El Coraje en Medio de la Cobardía 27

Capitulo 4 Liderazgo que Transforma 35

Capitulo 5 El Canto de Débora 43

Capitulo 6 Déboras y Jaeles 49

Capitulo 7 Déboras Modernas en la Iglesia 55

Capitulo 8 Déboras en el Hogar 61

Capitulo 9 Déboras en la Sociedad 67

Capitulo 10 Despertando a la Débora en Ti ... 73

Conclusion Un Despertar que Continúa 79

Acerca de la Autora 81

Capítulo 1
El Legado de Débora

¿Qué tiene la historia de Débora que todavía nos habla hoy?

La historia de Débora sigue hablándonos hoy porque fue levantada en un tiempo de crisis. Israel estaba confundido, espiritualmente débil y sin dirección clara. En medio de ese escenario, Dios no buscó a alguien con poder militar, sino a una mujer sensible a Su voz. Esto nos recuerda que Dios no depende de las circunstancias para cumplir Sus planes. Él obra aun cuando todo parece desordenado.

Débora no apareció cuando todo estaba bien, sino cuando hacía falta liderazgo espiritual. Su historia nos enseña que Dios no espera perfección para llamar. Él busca disponibilidad y obediencia. Muchas mujeres hoy sienten que no es el momento correcto para servir a Dios. Sin embargo, la historia de Débora nos muestra que el momento de Dios suele ser en medio de la necesidad.

La relevancia de Débora también está en su obediencia constante. Ella no actuó impulsivamente ni buscó protagonismo. Caminó fielmente en lo que Dios le había confiado. Su liderazgo se formó en lo cotidiano antes de manifestarse públicamente. Esto nos enseña que la preparación ocurre en silencio.

Hoy vivimos tiempos similares, donde muchas personas buscan respuestas y dirección. La historia de Débora nos recuerda que Dios sigue hablando. Su voz sigue guiando a quienes están dispuestos a escuchar. No es una historia antigua sin aplicación. Es un espejo espiritual para nuestro tiempo.

Cuando una mujer entiende que la historia bíblica sigue viva, su fe se fortalece. Débora nos habla porque su Dios sigue siendo el mismo. Él sigue llamando, guiando y usando a mujeres hoy. Su historia es una invitación a responder. Dios aún escribe historias a través de mujeres obedientes.

Muchas veces pensamos que los tiempos difíciles son señal de retroceso, cuando en realidad pueden ser una oportunidad para que Dios se manifieste. Débora nos enseña que el caos no cancela el llamado. Al contrario, muchas veces lo activa. Dios ve más allá de lo que nos rodea. Él mira corazones dispuestos a obedecerle aun cuando el entorno no ayuda.

¿Qué cualidades la hicieron diferente en su tiempo?

Débora fue diferente porque escuchaba a Dios con claridad. En un tiempo donde muchos actuaban por costumbre o temor, ella actuó por convicción. Su relación con Dios era real y constante. No dependía de la opinión de otros para tomar decisiones. Su autoridad nacía de su comunión con Dios.

Otra cualidad que la distinguió fue su valentía. Débora no se dejó intimidar por la situación del pueblo ni por la amenaza del enemigo. Confiaba en que Dios cumpliría lo que había prometido. Esa seguridad interior le permitió hablar con firmeza. Su fe era más fuerte que su temor.

También fue diferente por su sabiduría. Débora sabía cuándo hablar y cuándo esperar. No actuaba apresuradamente. Su discernimiento venía de escuchar a Dios antes de actuar. Esa sabiduría la hizo confiable para otros. El pueblo acudía a ella buscando dirección.

Débora no buscó reconocimiento personal. No usó su posición para exaltarse. Su enfoque estaba en cumplir la voluntad de Dios. Esa humildad fortaleció su liderazgo. Dios honra a quienes no buscan su propia gloria.

Hoy, estas cualidades siguen siendo necesarias. Escuchar a Dios, actuar con valentía y caminar con humildad distinguen a una mujer de fe. Débora no fue diferente por ser perfecta, sino por ser obediente. Esa obediencia marcó la diferencia.

En nuestro tiempo, muchas mujeres sienten presión por demostrar capacidad o fuerza externa. Débora nos recuerda que la verdadera fortaleza viene del interior. Es una fortaleza que nace de la fe, no del reconocimiento. Esa fortaleza sigue siendo relevante hoy. Dios sigue buscando mujeres con ese corazón.

¿Cómo una mujer puede influir en medio de la confusión?

La influencia de Débora comenzó en lo espiritual antes de verse en lo público. Ella no intentó cambiar a la nación con estrategias humanas. Permitió que Dios la guiara primero. Su influencia nacía de su alineación con Dios. Esa conexión le dio autoridad. En medio de la confusión, Débora fue una voz clara. No hablaba desde la emoción del momento, sino desde la verdad de Dios. Esa claridad trajo orden. Cuando una mujer habla desde Dios, su voz trae dirección. La confusión pierde fuerza.

Influir no siempre significa estar al frente. A veces es acompañar, aconsejar y afirmar. Débora influyó escuchando y guiando. Su influencia fue constante, no momentánea. Eso generó confianza. El pueblo sabía que podía acudir a ella.

Hoy, muchas mujeres influyen sin darse cuenta. En el hogar, en el trabajo y en la iglesia. La influencia no siempre es visible. Dios usa actitudes, palabras y decisiones diarias. La fidelidad silenciosa también influye.

La confusión no detiene el propósito de Dios. Él sigue usando a mujeres para traer claridad. Débora nos muestra que la influencia espiritual nace de la obediencia. Cuando una mujer se alinea con Dios, su vida impacta a otros.

Influir en medio de la confusión requiere paciencia. No siempre veremos resultados inmediatos. Débora no cambió a la nación en un día. Su constancia fue clave. Dios honra a quienes permanecen fieles aun cuando el proceso es lento.

¿Qué significa tener valentía cuando todo alrededor se ve difícil?

La valentía de Débora no fue ausencia de temor. Fue decisión de confiar en Dios a pesar del temor. Ella entendía que la situación era complicada. Sin embargo, no permitió que eso definiera su respuesta. La fe la impulsó a actuar.

Tener valentía implica obedecer aun cuando no todo está claro. Débora habló lo que Dios le dijo, aunque otros dudaran. Esa obediencia activó la victoria. La valentía espiritual siempre está ligada a la confianza en Dios. No depende de las circunstancias.

La valentía también se expresa en la firmeza. Débora no retrocedió cuando fue necesario tomar decisiones difíciles. Su confianza estaba puesta en Dios, no en los resultados humanos. Esa seguridad la sostuvo. Dios respalda la obediencia valiente.

Hoy, muchas mujeres enfrentan situaciones complejas. La valentía sigue siendo necesaria. No es valentía impulsiva, sino guiada por Dios. Es una valentía que se apoya en la fe.

Débora nos enseña que la valentía nace de una relación profunda con Dios. Cuando conocemos a Dios, confiamos más. Esa confianza nos permite avanzar. La valentía espiritual sigue transformando vidas.

Ser valiente no significa no llorar ni dudar. Significa avanzar aun con temor. Débora nos muestra que Dios acompaña a quienes se atreven a obedecer. Él fortalece en el camino. La valentía crece cuando damos pasos de fe.

¿Por qué es importante recordar y celebrar lo que Dios ha hecho?

Recordar lo que Dios ha hecho fortalece la fe. Débora no permitió que la victoria pasara desapercibida. Se detuvo a reconocer la mano de Dios. Esa gratitud protegió el corazón del orgullo. Recordar mantiene la humildad.

Celebrar las obras de Dios también edifica a otros. El canto de Débora fue un testimonio público. Al recordar, el pueblo aprendió a confiar nuevamente en Dios. La memoria espiritual fortalece generaciones. Dios usa el recuerdo para afirmar la fe.

Cuando no recordamos, corremos el riesgo de olvidar quién nos ayudó. Débora entendía que Dios debía ser exaltado. Esa actitud honra a Dios. La gratitud abre el corazón para nuevas bendiciones.
Recordar también prepara para futuras batallas. Las victorias pasadas fortalecen la confianza para lo que viene. Débora enseñó al pueblo a mirar atrás con fe. Esa memoria sostuvo su caminar.

Hoy, recordar lo que Dios ha hecho sigue siendo vital. Nos conecta con Su fidelidad. Débora nos enseña a no olvidar. Celebrar es parte del proceso espiritual.

Muchas veces avanzamos tan rápido que no celebramos lo que Dios ya hizo. Débora nos recuerda la importancia de detenernos. Agradecer fortalece el alma. Dios sigue obrando cuando reconocemos Su mano.

RESUMEN DEL CAPÍTULO 1

- Dios levanta mujeres en tiempos de necesidad, no de comodidad.
- La obediencia y la sensibilidad espiritual distinguen a una mujer de fe.
- La influencia verdadera nace de la relación con Dios.
- La valentía espiritual se apoya en la confianza en Dios.
- Recordar y celebrar las obras de Dios fortalece la fe y prepara el futuro.

Capítulo 2
Una Mujer Bajo la Voz de Dios

¿Qué pasa en la vida de una mujer cuando decide escuchar a Dios primero?

Cuando una mujer decide escuchar a Dios primero, su vida comienza a ordenarse desde adentro. No significa que los problemas desaparecen, pero sí que las decisiones cambian. Escuchar a Dios trae claridad en medio del ruido diario. La mente se aquieta y el corazón encuentra dirección. Dios comienza a ocupar el lugar central.

Escuchar a Dios primero implica aprender a detenerse. Muchas mujeres viven apresuradas, respondiendo a todo y a todos. Cuando Dios ocupa el primer lugar, las prioridades se ajustan. Ya no se reacciona por presión, sino por convicción. Esa diferencia transforma la forma de vivir.

También produce paz interior. No una paz basada en circunstancias, sino en confianza. Cuando una mujer sabe que Dios la guía, el temor pierde fuerza. Las decisiones dejan de ser una carga constante. La paz se convierte en una señal de que estamos caminando correctamente.

Escuchar a Dios primero también fortalece la fe. Cada vez que una mujer obedece, su confianza en Dios crece. La fe deja de ser solo teoría. Se vuelve una experiencia viva. Dios se revela en el proceso.

Muchas veces, escuchar a Dios primero requiere decir no a otras voces. Opiniones, expectativas y presiones pueden distraer. Sin embargo, cuando Dios habla primero, todo lo demás toma su lugar. La obediencia trae alineación.

Decidir escuchar a Dios primero no es una decisión de un solo día. Es una postura diaria del corazón. Cada mañana, cada decisión y cada etapa requieren volver a elegirlo. Esa constancia forma una mujer firme espiritualmente. Dios honra a quienes lo priorizan.

¿Cómo puedo reconocer cuando Dios me está hablando?

Dios habla de muchas maneras, pero siempre de forma coherente con Su carácter. Una mujer reconoce la voz de Dios cuando trae paz, aunque el mensaje sea retador. Dios no confunde ni manipula. Su voz afirma, corrige y guía con amor. Esa paz interior es una señal importante.

La voz de Dios nunca contradice Su Palabra. Por eso es tan importante conocerla. Cuando una mujer está familiarizada con la Palabra, discierne mejor lo que escucha. Dios confirma lo que dice a través de Su verdad. La Palabra es un filtro seguro.

Dios también habla a través de circunstancias. Puertas que se abren o se cierran pueden ser señales. No todas las oportunidades vienen de Dios, pero Él guía a quienes le buscan. La oración ayuda a discernir. Dios no se esconde.

Otra forma en que Dios habla es a través de personas sabias. Consejos alineados con Dios pueden confirmar dirección. Dios usa la comunidad para guiarnos. Escuchar consejo no debilita la fe, la fortalece.

Reconocer la voz de Dios requiere tiempo y práctica. Al principio puede parecer difícil. Pero a medida que una mujer camina con Dios, Su voz se vuelve más familiar. La relación afina el oído espiritual.

Es importante aprender a distinguir entre la voz de Dios y la voz del miedo o la emoción. Dios no apresura ni presiona. Su dirección trae claridad. Con el tiempo, una mujer aprende a confiar en esa voz. Dios guía con fidelidad.

¿Por qué es importante tener un lugar íntimo de oración?

El lugar íntimo de oración es donde la relación con Dios se fortalece. No es un lugar físico perfecto, sino un espacio apartado para Él. Allí una mujer puede hablar con Dios sin distracciones. La intimidad permite escuchar con claridad. La oración se vuelve encuentro.

En ese lugar, el corazón se abre con sinceridad. No hay necesidad de aparentar fortaleza. Dios escucha el clamor honesto. La oración íntima trae sanidad emocional. Dios trabaja en lo profundo.
La intimidad también fortalece la confianza.
Cuando una mujer ora constantemente, aprende a depender de Dios. La oración deja de ser solo una

petición. Se convierte en conversación. Esa relación sostiene la vida espiritual.

Un lugar íntimo de oración protege del desgaste. Muchas mujeres sirven y cuidan a otros, pero se olvidan de cuidar su alma. La oración renueva fuerzas. Dios restaura en lo secreto. Allí se recibe dirección.

Además, la intimidad con Dios forma carácter. Lo que se vive en oración se refleja en la vida diaria. La paciencia, la fe y la sabiduría nacen en ese espacio. Dios transforma desde adentro.

No importa si ese lugar es breve o sencillo. Lo importante es la constancia. Dios honra el tiempo apartado. La intimidad diaria produce fruto duradero. Allí se fortalece la mujer de fe.

¿Qué cosas pueden distraerme de la voz de Dios?

Una de las mayores distracciones es el ruido constante. La rutina, las responsabilidades y la tecnología ocupan la mente. Cuando todo es urgente, escuchar a Dios se vuelve difícil. El silencio se vuelve necesario. Dios habla en medio de la quietud.

Las preocupaciones también distraen. La ansiedad llena el pensamiento y apaga la sensibilidad espiritual. Cuando una mujer vive preocupada, le cuesta escuchar. La oración ayuda a soltar cargas. Dios invita a descansar en Él.

Otra distracción común es la opinión de otros. Buscar aprobación humana puede silenciar la voz de Dios. Cuando el temor al qué dirán domina, la obediencia se debilita. Dios llama a confiar en Él. Su voz es suficiente.

El cansancio emocional también afecta. Una mujer agotada espiritualmente pierde claridad. Por eso es importante cuidar el alma. Dios no exige desde el agotamiento. Él restaura primero.

Reconocer las distracciones es el primer paso. Dios ayuda a removerlas cuando hay disposición. Escuchar a Dios requiere intención. Él responde al corazón sincero.

Apartar tiempo para Dios es una decisión. No siempre será fácil, pero siempre será necesario. Dios no compite con el ruido. Él espera que le demos lugar. Cuando lo hacemos, Su voz se escucha con claridad.

¿Qué pierdo si no obedezco lo que Dios me pide?
No obedecer a Dios no solo retrasa el propósito, también roba paz. La desobediencia genera inquietud interior. Aunque todo parezca bien por fuera, el corazón sabe cuando no está alineado. Dios nos creó para caminar con Él. Fuera de esa voluntad hay vacío.

También se pierde crecimiento espiritual. Cada paso de obediencia nos forma. Cuando una mujer evita obedecer, se estanca. Dios desea llevarnos más adelante. La obediencia abre nuevas etapas.

No obedecer también puede afectar a otros. Las decisiones espirituales nunca son solo personales. Dios usa nuestra obediencia para bendecir a otros. Cuando no obedecemos, ese impacto se retrasa. Dios sigue siendo fiel, pero perdemos oportunidades.

La desobediencia suele nacer del temor. Temor al cambio, al fracaso o a la opinión ajena. Dios comprende nuestras luchas, pero nos invita a confiar. La obediencia fortalece la fe. Cada sí a Dios vence un temor.

Obedecer no siempre es fácil, pero siempre es correcto. Dios acompaña a quienes obedecen. Él se encarga del resultado. La obediencia trae fruto.

Dios no pide obediencia para controlarnos, sino para guiarnos. Él ve más allá de lo que vemos. Confiar en Su dirección es una muestra de fe madura. La obediencia siempre vale la pena.

RESUMEN DEL CAPÍTULO 2
- Escuchar a Dios primero trae orden y paz interior.
- La voz de Dios se reconoce por Su paz y coherencia con la Palabra.
- La oración íntima fortalece la relación con Dios.
- Las distracciones debilitan la sensibilidad espiritual.
- La obediencia es clave para el crecimiento y el propósito.

Capítulo 3
El Coraje en Medio de la Cobardía

¿Qué me impide dar un paso de fe en momentos difíciles?

Uno de los mayores obstáculos para dar un paso de fe es el miedo. El miedo a equivocarnos, a fallar o a perder el control puede paralizarnos. En momentos difíciles, ese temor se hace más fuerte porque las circunstancias no ayudan. Muchas mujeres saben lo que Dios les pide, pero dudan en avanzar. El miedo se convierte en una barrera silenciosa.

Otro impedimento común es la inseguridad personal. Pensar que no somos capaces o que no estamos listas puede detenernos. Esa inseguridad no siempre viene de Dios. A menudo nace de experiencias pasadas o palabras que marcaron el corazón. Dios ve más allá de nuestras limitaciones.

La comodidad también puede frenar el paso de fe. Aun cuando una situación no es ideal, lo conocido parece más seguro. Salir de esa zona implica confiar en Dios de una manera más profunda. El paso de fe casi siempre requiere incomodidad. Dios nos llama a crecer, no a quedarnos estancadas.

La falta de apoyo también influye. Cuando no sentimos respaldo, avanzar se vuelve más difícil. Sin embargo, el llamado de Dios no depende de la aprobación de otros. Dios fortalece a quienes obedecen, aun cuando caminan solos por un tiempo. Él no abandona.

Finalmente, la duda puede impedir el paso de fe. Cuestionar si realmente Dios habló puede generar parálisis. Por eso es importante confirmar Su voz. La fe se fortalece cuando recordamos quién es Dios. Él es fiel para sostener.

Dar un paso de fe no significa tener todas las respuestas. Significa confiar en Dios aun con preguntas. Débora avanzó porque confió en la palabra de Dios, no en las circunstancias. Hoy, Dios sigue llamando a mujeres a dar pasos de fe. El primer paso siempre es el más difícil, pero también el más transformador.

¿Cómo puedo vencer el miedo cuando me siento incapaz?

Vencer el miedo comienza reconociéndolo. Negarlo no lo elimina. Aceptar que sentimos temor nos permite llevarlo a Dios. Él no se sorprende por nuestras debilidades. Dios nos recibe tal como estamos. La honestidad abre el camino a la sanidad.

La oración es una herramienta clave para enfrentar el miedo. Cuando una mujer ora, deposita sus cargas en Dios. El miedo pierde fuerza cuando se comparte con Él. Dios trae paz donde hay inquietud. La oración cambia el enfoque del problema a la confianza.

Recordar las promesas de Dios también ayuda a vencer el miedo. La Palabra de Dios fortalece la fe. Cuando una mujer se llena de verdad, el temor se debilita. Las promesas nos recuerdan que no estamos solas. Dios cumple lo que promete.

Dar pasos pequeños también es importante. No siempre se requiere un gran salto de fe. A veces vencer el miedo es avanzar poco a poco. Cada paso fortalece la confianza. Dios honra cada avance.

El acompañamiento espiritual también ayuda. Caminar con otras mujeres de fe fortalece el ánimo. Compartir luchas reduce el peso. Dios usa la comunidad para sostenernos. No estamos llamadas a enfrentar el miedo solas.

El miedo no desaparece de un día para otro, pero pierde poder cuando avanzamos. Débora no negó el peligro, pero confió en Dios. Hoy, una mujer vence el miedo cuando decide creer más en Dios que en sus limitaciones. La fe crece con cada paso obediente.

¿Qué significa confiar en Dios aunque me sienta débil?

Confiar en Dios en medio de la debilidad significa reconocer nuestra dependencia de Él. No se trata de aparentar fortaleza, sino de admitir que necesitamos ayuda. La debilidad no es un obstáculo para Dios. Es un espacio donde Él se manifiesta con poder. Dios obra en corazones humildes.

Cuando una mujer confía en Dios aun sintiéndose débil, su fe se profundiza. Aprende que no depende de sus propias fuerzas. Esa dependencia fortalece la relación con Dios. La confianza se vuelve más real y sincera. Dios honra esa postura.

La debilidad también nos enseña a descansar en Dios. En lugar de esforzarnos por controlar todo, aprendemos a soltar. Confiar implica entregar lo que no podemos manejar. Dios sostiene lo que soltamos. La paz nace de esa entrega.

Confiar en medio de la debilidad también cambia nuestra perspectiva. En lugar de enfocarnos en lo que nos falta, miramos a Dios. Él es suficiente. Esa verdad transforma el corazón. La fe se fortalece.

Débora confió en Dios aun cuando la nación estaba débil. Su confianza no estaba en recursos humanos. Estaba en la fidelidad de Dios. Esa confianza trajo victoria.

Sentirse débil no significa estar lejos de Dios. Muchas veces es señal de que estamos aprendiendo a depender de Él. Dios no desprecia la debilidad entregada. Él la transforma en fortaleza espiritual. Confiar en Dios es descansar en Su poder.

¿Cómo puedo ser valiente aunque otros no lo sean?

Ser valiente cuando otros no lo son requiere convicción personal. La valentía espiritual no depende del consenso. Nace de la certeza de que

Dios habló. Cuando una mujer está segura de la dirección de Dios, puede avanzar aunque otros duden. La convicción sostiene.

La valentía también implica tomar responsabilidad. No esperar a que otros actúen primero. Débora asumió su llamado aun cuando muchos estaban paralizados. Su obediencia activó el movimiento. Dios usa a quienes se atreven a dar el primer paso.

Ser valiente no significa despreciar a otros. Significa actuar con respeto y firmeza. La valentía espiritual no humilla. Inspira. Cuando una mujer actúa con fe, otros se animan. La valentía contagia.

También implica aceptar críticas. No todos entenderán nuestras decisiones. La fe auténtica no siempre es aplaudida. Permanecer firmes en Dios fortalece el carácter. Dios respalda la obediencia.

La valentía se fortalece con la oración. Buscar a Dios renueva la fuerza interior. La valentía no nace del impulso, sino de la comunión con Dios. Él da el coraje necesario.

Muchas veces, una sola mujer valiente puede cambiar el rumbo de otros. Débora fue esa mujer en su tiempo. Hoy, Dios sigue usando mujeres dispuestas a avanzar. La valentía espiritual abre caminos donde otros solo ven obstáculos.

¿Qué acciones prácticas muestran que mi fe inspira a otros?

Una fe que inspira se refleja en acciones coherentes. Vivir con integridad es una de ellas. Cuando una mujer vive lo que cree, otros lo notan. La coherencia inspira confianza. La fe se vuelve visible.

Otra acción práctica es hablar con esperanza. Las palabras pueden levantar o derribar. Una mujer de fe cuida su lenguaje. Habla con ánimo aun en medio de dificultades. Esa actitud impacta a quienes escuchan.

La disposición a servir también muestra una fe viva. Servir sin buscar reconocimiento refleja un corazón alineado con Dios. El servicio genuino inspira a otros a hacer lo mismo. Dios usa esas acciones sencillas.

La perseverancia es otra señal clara. No rendirse cuando las cosas se ponen difíciles inspira. La constancia demuestra confianza en Dios. Otros aprenden al observar esa fe firme. La perseverancia habla fuerte.

Finalmente, la oración por otros es una acción poderosa. Interceder demuestra amor y fe. Aunque no siempre se vea, la oración produce impacto. Dios obra a través de ella.

La fe que inspira no busca protagonismo. Fluye naturalmente desde una relación con Dios. Débora inspiró porque obedeció. Hoy, cada mujer puede inspirar desde su lugar. Las acciones hablan más que las palabras.

RESUMEN DEL CAPÍTULO 3
- El miedo y la inseguridad pueden frenar el paso de fe.
- La oración y la Palabra ayudan a vencer el temor.
- Confiar en Dios en la debilidad fortalece la fe.
- La valentía espiritual no depende de la mayoría.
- Una fe coherente y perseverante inspira a otros.

Capítulo 4
Liderazgo que Transforma

¿Qué significa ser un buen ejemplo para otros?

Ser un buen ejemplo no significa ser perfecta ni tener todas las respuestas. Significa vivir de una manera coherente entre lo que creemos y lo que hacemos. Muchas mujeres sienten presión por aparentar fortaleza todo el tiempo. Sin embargo, el ejemplo verdadero nace de la autenticidad. La coherencia habla más fuerte que las palabras.

Un buen ejemplo se refleja en cómo enfrentamos las dificultades. Cuando una mujer responde con fe en medio de la prueba, transmite esperanza. No se trata de negar el dolor, sino de confiar en Dios aun cuando duele. Esa actitud inspira a otros a perseverar. El ejemplo se construye en lo cotidiano.

También somos ejemplo en la manera en que tratamos a los demás. El respeto, la paciencia y la compasión revelan el carácter de Cristo. Muchas veces no recordarán lo que dijimos, pero sí cómo los hicimos sentir. El trato diario deja huella. El liderazgo comienza en la forma de relacionarnos.

Ser un buen ejemplo implica asumir responsabilidad. Reconocer errores y pedir perdón enseña humildad. Esa actitud fortalece la confianza. Cuando otros ven disposición para crecer, se sienten motivados a hacer lo mismo. El ejemplo abre puertas al cambio.

Además, el ejemplo se mantiene aun cuando nadie está mirando. La integridad privada sostiene el testimonio público. Dios ve lo que otros no ven. Él honra la fidelidad constante. El liderazgo comienza en el corazón.

Débora fue un buen ejemplo porque vivió alineada con Dios. No buscó impresionar, sino obedecer. Su vida hablaba con claridad aun en silencio. Hoy, una mujer lidera cuando vive lo que cree. El ejemplo transforma más que cualquier discurso.

¿Cómo puedo usar la autoridad que Dios me da sin abusar de ella?

La autoridad que Dios da no es para controlar, sino para servir. Muchas veces se confunde autoridad con imposición. Sin embargo, la autoridad espiritual se ejerce con responsabilidad. Dios confía influencia para edificar, no para dominar. Reconocer esto protege el corazón.

Abusar de la autoridad ocurre cuando buscamos beneficio personal. Cuando una mujer usa su posición para imponer su voluntad, pierde el propósito del liderazgo. La autoridad saludable busca el bien de los demás. Se ejerce con respeto y sensibilidad. El liderazgo verdadero cuida a las personas.

Usar bien la autoridad implica escuchar. Escuchar opiniones y necesidades demuestra madurez. La autoridad no se debilita al escuchar, se fortalece. Escuchar permite tomar decisiones más sabias. Dios honra esa actitud.

La autoridad bien usada guía y protege. No genera temor, sino confianza. Cuando las personas se sienten seguras, crecen. La autoridad de Dios produce vida. Siempre deja a otros mejor de como los encontró.

También implica rendición a Dios. Una mujer que reconoce que su autoridad viene de Dios camina con humildad. Sabe que debe rendir cuentas. Esa conciencia mantiene el liderazgo sano. Dios respalda la autoridad sometida a Él.

Débora ejerció autoridad con justicia y sabiduría. No se aprovechó de su posición. Su liderazgo trajo orden y dirección. Hoy, Dios sigue confiando autoridad a mujeres dispuestas a usarla correctamente. Esa autoridad transforma vidas.

¿Qué diferencia hay entre controlar a alguien y guiarlo con amor?

Controlar nace del miedo. Guiar nace del amor. Cuando una mujer controla, busca asegurar resultados a toda costa. Cuando guía, confía en Dios y en las personas. El control presiona; el amor acompaña. Esa diferencia define el tipo de liderazgo.

El control limita el crecimiento. Hace que otros dependan constantemente de decisiones externas. Guiar con amor, en cambio, fomenta responsabilidad y madurez. El liderazgo saludable forma, no ata. Permite que otros crezcan con confianza.

Guiar con amor requiere paciencia. No todos avanzan al mismo ritmo. Una líder amorosa entiende los procesos. Corrige cuando es necesario, pero sin humillar. El amor crea un ambiente seguro para aprender.

El control suele generar resentimiento. Las personas se sienten usadas o manipuladas. El amor genera lealtad y compromiso. Cuando alguien se siente valorado, da lo mejor de sí. El liderazgo basado en amor deja frutos duraderos.

Guiar con amor también implica confiar en Dios. Significa soltar el deseo de controlar resultados. Dios se encarga del crecimiento. La líder acompaña el proceso. Esa confianza libera.

Débora no controló al pueblo, lo guió. Dio dirección sin imponer. Su liderazgo inspiró obediencia voluntaria. Hoy, una mujer que guía con amor refleja el corazón de Dios. Ese liderazgo transforma generaciones.

¿Por qué la integridad es más importante que los títulos?

Los títulos pueden abrir puertas, pero la integridad sostiene el carácter. Una mujer puede tener reconocimiento externo y aun así carecer de credibilidad. La integridad se ve cuando nadie está mirando. Es la base de un liderazgo confiable. Sin integridad, los títulos pierden valor.

La integridad genera confianza. Las personas siguen a quien consideran honesto y coherente. No se trata de perfección, sino de transparencia. Reconocer errores fortalece el liderazgo. La integridad habla más fuerte que cualquier posición.

Los títulos pueden cambiar con el tiempo, pero el carácter permanece. Una mujer íntegra mantiene sus valores aun en momentos difíciles. No negocia convicciones por conveniencia. Esa firmeza inspira respeto. El carácter deja huella.

Cuando la integridad falta, el liderazgo se debilita. La incongruencia genera desconfianza. La integridad, en cambio, fortalece relaciones. La confianza se construye con el tiempo. Dios honra a quienes caminan con integridad.

La integridad también protege el testimonio. Una vida coherente glorifica a Dios. El liderazgo se sostiene desde adentro. Dios mira el corazón antes que el título.

Débora fue recordada por su carácter, no por un título. Su integridad la hizo confiable ante Dios y ante el pueblo. Hoy, Dios sigue buscando mujeres con integridad. Ese liderazgo permanece.

¿Qué pequeñas acciones muestran un liderazgo de servicio?

El liderazgo de servicio se expresa en acciones sencillas. No siempre se trata de grandes gestos visibles. Escuchar con atención, ayudar sin ser vista y servir sin esperar reconocimiento revelan el corazón. Lo pequeño también cuenta. Dios ve cada detalle.

Una acción de servicio es estar disponible. Tomar tiempo para otros demuestra amor genuino. La disponibilidad comunica valor. Hace sentir importantes a quienes nos rodean. Ese servicio fortalece relaciones.

Servir también implica apoyar sin protagonismo. Celebrar los logros de otros y no buscar crédito personal. El liderazgo de servicio se alegra cuando otros crecen. No compite, acompaña. Esa actitud crea un ambiente sano.

Otra acción práctica es cuidar las palabras. Hablar con respeto y ánimo edifica. Evitar la crítica innecesaria es una forma de servir. Las palabras pueden sanar o herir. El liderazgo de servicio elige edificar.

El servicio también se expresa en la constancia. Estar presente aun cuando no hay reconocimiento. Dios honra la fidelidad silenciosa. El servicio genuino deja huella eterna.

Débora sirvió al pueblo con fidelidad y humildad. Su liderazgo fue cercano y compasivo. Hoy, cada mujer puede liderar sirviendo desde su lugar. Las pequeñas acciones hechas con amor transforman. Así se manifiesta el liderazgo que viene de Dios.

RESUMEN DEL CAPÍTULO 4
- El liderazgo comienza con el ejemplo diario.
- La autoridad de Dios se usa para servir, no para controlar.
- Guiar con amor produce crecimiento y confianza.
- La integridad sostiene el liderazgo más que los títulos.
- El liderazgo de servicio se vive en lo pequeño y constante.

Capítulo 5
El Canto de Débora: La Voz de una Nación

¿Por qué la alabanza es un arma espiritual tan poderosa?

La alabanza es un arma espiritual poderosa porque cambia el enfoque del corazón. Cuando una mujer alaba a Dios, deja de mirar solo el problema y comienza a mirar a Dios. No niega la dificultad, pero decide confiar. Esa decisión mueve el ambiente espiritual. La alabanza abre espacio para la fe.

Alabar a Dios fortalece el espíritu en medio de la lucha. Muchas batallas se libran primero en el interior. La alabanza trae paz donde había ansiedad. Cuando una mujer alaba, su corazón se afirma en la verdad. Dios se glorifica en esa actitud.

La alabanza también debilita el temor. El miedo pierde fuerza cuando Dios es exaltado. Alabar es declarar que Dios es mayor que cualquier situación. Esa declaración tiene poder espiritual. La fe se fortalece.

Además, la alabanza es una respuesta de confianza. No siempre alabamos porque entendemos todo, sino porque creemos. Esa confianza honra a Dios. Él responde a corazones que le exaltan. La alabanza abre puertas espirituales.

La alabanza también une a las personas. Cuando el pueblo de Israel cantó con Débora, se fortaleció la identidad espiritual. La adoración crea unidad. Dios se manifiesta en medio de Su pueblo.

Débora entendió que la victoria debía ser sellada con alabanza. No permitió que el pueblo olvidara quién había obrado. Hoy, la alabanza sigue siendo un arma poderosa. Una mujer que alaba en medio de la prueba está declarando victoria. Dios sigue honrando la adoración sincera.

¿Qué pasa cuando recordamos y proclamamos lo que Dios ya ha hecho?

Recordar lo que Dios ha hecho fortalece la fe. Mirar atrás y reconocer Su fidelidad nos llena de esperanza. Las victorias pasadas se convierten en anclas para el presente. Recordar nos recuerda que Dios no cambia. Él sigue siendo fiel.

Proclamar lo que Dios ha hecho edifica a otros. Los testimonios fortalecen a quienes están luchando. Cuando compartimos lo que Dios hizo, despertamos fe en otros corazones. Dios usa nuestras historias para animar. El testimonio tiene poder.

Recordar también protege el corazón del orgullo. Débora no permitió que el pueblo se atribuyera la victoria. Reconocer a Dios mantiene la humildad. La gratitud honra a Dios. Él se glorifica cuando le damos el lugar correcto.

Además, recordar trae claridad espiritual. Nos ayuda a ver el camino recorrido. Nos recuerda de dónde nos sacó Dios. Esa perspectiva fortalece la confianza. Dios no abandona a quienes ha llamado.

Proclamar la obra de Dios crea una memoria espiritual colectiva. Las generaciones aprenden a confiar. La fe se transmite. Dios usa el recuerdo para formar identidad espiritual.

En un mundo que avanza rápido, detenerse a recordar es esencial. Débora nos enseña a no olvidar. La memoria espiritual fortalece el presente y prepara el futuro. Recordar lo que Dios ha hecho aviva la fe.

¿Cómo una canción puede liberar generaciones enteras?

Una canción puede llevar un mensaje que permanece en el tiempo. Las palabras cantadas se quedan en la memoria. Débora cantó para enseñar y afirmar la obra de Dios. Su canto se convirtió en historia viva. La adoración transmite verdad.

Las canciones forman identidad espiritual. Lo que se canta influye en lo que se cree. Una canción llena de fe fortalece el corazón. Los niños y jóvenes aprenden verdades profundas a través de la adoración. La música enseña.

Las canciones también sanan. Muchas mujeres encuentran consuelo y fortaleza al cantar. Dios usa la adoración para tocar áreas profundas del alma.

La música atraviesa barreras emocionales. Dios ministra a través de ella.

Cuando una generación canta sobre la fidelidad de Dios, prepara el camino para la siguiente. La adoración se convierte en herencia espiritual. Las canciones transmiten fe de generación en generación. Dios usa ese legado.

El canto de Débora trascendió su tiempo. Hoy, nuestras canciones también pueden impactar. Una mujer que canta con fe siembra esperanza. La adoración tiene alcance eterno.

No todas escribirán canciones, pero todas pueden cantar con fe. La adoración sincera libera corazones. Débora nos recuerda que una canción puede cambiar la historia. Dios sigue usando la adoración para traer libertad.

¿De qué forma la gratitud nos prepara para nuevas victorias?

La gratitud abre el corazón para recibir más de Dios. Reconocer Su fidelidad nos mantiene humildes. Una mujer agradecida ve la mano de Dios en todo. Esa actitud crea un ambiente espiritual saludable. La gratitud prepara el alma.

Ser agradecida también protege del desánimo. La queja debilita la fe, pero la gratitud la fortalece. Aun en la prueba, agradecer cambia la perspectiva. Dios obra en corazones agradecidos. La gratitud renueva fuerzas.

La gratitud enseña a valorar cada victoria. Débora no minimizó lo que Dios hizo. Celebró y reconoció la obra de Dios. Esa celebración selló la victoria espiritual. Agradecer honra a Dios.

Además, la gratitud fortalece la confianza para el futuro. Recordar lo que Dios hizo prepara para lo que hará. La fe se alimenta de la gratitud. Dios no falla.

Una mujer agradecida camina con esperanza. La gratitud mantiene el corazón alineado con Dios. Esa actitud abre camino a nuevas victorias.

Muchas veces queremos avanzar sin detenernos a agradecer. Débora nos enseña a pausar. La gratitud no retrasa el proceso, lo fortalece. Dios responde a corazones agradecidos.

¿Cómo levantar un canto profético en nuestro tiempo?

Levantar un canto profético comienza con un corazón sensible a Dios. No se trata solo de cantar, sino de declarar verdad. Un canto profético afirma quién es Dios y lo que Él hará. Nace de una relación viva con Él. Es una expresión de fe.

Hoy, un canto profético puede ser sencillo. Puede ser una oración, una declaración o una canción espontánea. No requiere perfección musical. Requiere alineación espiritual. Dios honra la fe.

El canto profético se levanta aun en medio de la dificultad. No espera a que todo esté resuelto.

Declara victoria antes de verla. Esa fe mueve el corazón de Dios. La adoración se convierte en proclamación.

Levantar un canto profético también impacta el entorno. La fe se contagia. Otros son fortalecidos al escuchar declaraciones de esperanza. Dios usa esas expresiones para obrar. La atmósfera cambia.

Débora levantó un canto que marcó una nación. Hoy, cada mujer puede levantar su voz con fe. No importa el lugar ni la forma. Dios escucha el corazón. El canto profético sigue siendo una voz de transformación.

Cuando una mujer declara la fidelidad de Dios, aun en silencio, está levantando un canto profético. Dios se mueve en respuesta a la fe. La adoración sigue siendo una herramienta poderosa. El canto continúa hoy.

RESUMEN DEL CAPÍTULO 5
- La alabanza cambia el enfoque del corazón y fortalece la fe.
- Recordar y proclamar la fidelidad de Dios edifica generaciones.
- La adoración transmite identidad espiritual y sanidad.
- La gratitud prepara el corazón para nuevas victorias.
- El canto profético sigue siendo una voz de esperanza y fe.

Capítulo 6
Déboras y Jaeles: Mujeres en Misión

¿Qué me enseña que cada mujer tiene un papel único?

La historia de Débora y Jael nos enseña que Dios no trabaja de una sola manera. Ambas fueron usadas por Dios en el mismo tiempo, pero con funciones muy diferentes. Ninguna intentó imitar a la otra. Cada una respondió al llamado que Dios le dio. Esto nos recuerda que Dios valora la diversidad dentro de Su propósito.

Muchas mujeres luchan con la comparación. Miran lo que otras hacen y sienten que su aporte no es suficiente. Esa comparación desgasta y roba gozo. La historia de Débora y Jael nos muestra que cada papel cuenta. Dios no mide el impacto como lo hacemos nosotros.

Cada mujer tiene un lugar específico donde Dios quiere usarla. Algunas influirán desde espacios visibles, otras desde lugares más silenciosos. Ninguna es menos importante por eso. Dios ve la obediencia, no la visibilidad. El impacto nace de la fidelidad.

Reconocer que cada mujer tiene un papel único libera del peso de competir. Permite abrazar la identidad que Dios dio. Cuando una mujer entiende su llamado, camina con mayor seguridad. No se compara, se afirma. Esa claridad trae paz.

Aceptar el papel que Dios nos asigna fortalece el cuerpo. Cada función aporta algo necesario. Cuando todas cumplen su parte, el propósito avanza. Dios se glorifica en esa unidad.

Débora y Jael nos enseñan que Dios usa tanto la palabra como la acción. Usa la guía y el momento oportuno. Hoy, Dios sigue haciendo lo mismo. Cada mujer tiene una misión única. Descubrirla y abrazarla es parte del llamado.

¿Cómo puedo usar lo que tengo en mis manos para Dios?

Jael no tenía una espada ni un ejército, pero tenía disposición. Usó lo que tenía en el momento correcto. Esto nos enseña que Dios no espera que tengamos todo. Él usa lo que ya está en nuestras manos. La obediencia comienza con lo disponible.

Muchas mujeres piensan que necesitan más recursos para servir a Dios. Sin embargo, Dios suele usar lo sencillo. Talentos, habilidades, tiempo y experiencias pueden convertirse en herramientas. Dios transforma lo común en algo significativo. Todo tiene valor en Sus manos.

Usar lo que tenemos requiere atención espiritual. Significa estar sensibles a las oportunidades que Dios presenta. A veces no son grandes momentos, sino decisiones sencillas. La obediencia en lo pequeño produce impacto. Dios honra la prontitud.

También implica confianza. Confiar en que lo que Dios nos dio es suficiente. No se trata de perfección, sino de entrega. Dios se encarga del resultado. Nuestra parte es obedecer.

Jael no imaginó el alcance de su acción. Solo respondió. Hoy, Dios sigue usando lo que cada mujer tiene. No subestimes tus recursos. En manos de Dios, todo puede cumplir un propósito.

Muchas veces esperamos "más" para comenzar. Jael nos recuerda que Dios comienza con lo que hay. La fe se activa cuando damos lo que tenemos. Dios multiplica la obediencia sencilla.

¿Por qué es importante aceptar que no todas servimos de la misma forma?

Aceptar que no todas servimos igual trae libertad. Muchas mujeres se sienten frustradas por no encajar en ciertos moldes. La iglesia y la cultura a veces imponen expectativas. Pero Dios creó a cada mujer con un diseño distinto. Servir desde ese diseño es clave.

Cuando no aceptamos la diversidad, caemos en la comparación. Esa comparación debilita el corazón. En lugar de celebrar, competimos. Dios no diseñó el Reino para competir, sino para complementar. Cada forma de servir aporta algo distinto.

Algunas mujeres sirven enseñando, otras cuidando, otras orando. Todas son necesarias. Ninguna función es menor. Dios honra la fidelidad, no la función. La diversidad fortalece la misión.

Aceptar distintas formas de servir también fortalece la unidad. Cuando cada una ocupa su lugar, el cuerpo funciona mejor. El respeto mutuo crea ambientes sanos. La misión avanza con armonía.

Débora y Jael sirvieron de maneras distintas, pero juntas cumplieron el propósito. Hoy, la iglesia necesita esa misma comprensión. Dios se glorifica en la diversidad obediente.

Aceptar la diferencia no siempre es fácil, pero es necesario. Dios no nos llamó a ser copias. Nos llamó a ser fieles. Cuando abrazamos nuestra forma de servir, caminamos con mayor gozo.

¿Qué puedo aprender de mujeres que cumplen su misión de manera distinta a la mía?

Podemos aprender que Dios obra de muchas formas. Observar a otras mujeres amplía nuestra perspectiva. Cada historia refleja una faceta del carácter de Dios. En lugar de compararnos, podemos aprender. La diversidad enseña.

Aprendemos humildad al reconocer que no lo sabemos todo. Otras mujeres tienen fortalezas distintas. Escuchar sus experiencias nos edifica. Dios usa a otros para formarnos. La humildad abre el corazón.

También aprendemos que Dios usa contextos variados. Algunas sirven desde lo público, otras desde lo privado. Ambas impactan. Valorar esas diferencias fortalece la unidad. Dios obra en todos los espacios.

Ver a otras cumplir su misión anima. Sus testimonios fortalecen la fe. Nos recuerdan que Dios sigue actuando. La obediencia inspira obediencia. Así se construye comunidad.

Débora y Jael nos muestran que aprender unas de otras fortalece el propósito. Ninguna fue menos por ser diferente. Hoy, aprender de otras mujeres nos ayuda a crecer. Dios usa esas relaciones.

Cuando una mujer celebra el llamado de otra, el Reino se fortalece. Dios no resta cuando bendice a alguien más. Él multiplica. Aprender unas de otras nos une.

¿Cómo puedo ser parte de la misión de Dios en el mundo hoy?

Ser parte de la misión de Dios comienza con disponibilidad. No requiere viajar lejos ni tener un título. Comienza donde estamos. Dios obra en lo cotidiano. La misión vive en lo diario.

Cada mujer puede participar desde su entorno. En el hogar, el trabajo o la comunidad. Servir, amar y vivir con integridad es misión. No todas predicarán, pero todas pueden reflejar a Cristo. La misión se vive.

Ser parte de la misión también implica sensibilidad. Estar atentas a las necesidades. Escuchar y acompañar. Dios usa corazones disponibles. La misión aparece en momentos simples.

También requiere valentía. A veces implica salir de la comodidad. Decir sí cuando Dios llama. Esa obediencia impacta vidas. Dios se encarga del alcance.

Débora y Jael respondieron en su tiempo. Hoy, Dios sigue llamando. Cada mujer tiene un lugar en Su misión. La obediencia activa el propósito.

La misión no es algo lejano. Es diaria. Dios sigue escribiendo historias a través de mujeres dispuestas. Tu obediencia hoy puede impactar mañana. La misión continúa.

RESUMEN DEL CAPÍTULO 6
- Dios usa a cada mujer de manera única.
- Lo que tenemos en nuestras manos puede ser usado por Dios.
- La diversidad fortalece el propósito.
- Aprender de otras mujeres edifica la fe.
- Todas podemos participar en la misión de Dios hoy.

Capítulo 7
Déboras Modernas en la Iglesia

¿Cómo puedo descubrir mi lugar en la iglesia?

Descubrir el lugar en la iglesia comienza con una disposición sincera del corazón. No se trata de buscar una posición visible, sino de preguntarle a Dios dónde Él quiere usarnos. Muchas mujeres sienten presión por encajar en ciertos roles, cuando en realidad Dios tiene un lugar específico para cada una. Ese lugar está alineado con los dones, la personalidad y la etapa de vida. Dios no llama al azar.

El proceso de descubrir ese lugar requiere paciencia. No siempre es inmediato ni claro desde el principio. A veces Dios permite que sirvamos en distintas áreas para enseñarnos y guiarnos. En ese caminar aprendemos qué nos edifica y qué no. Dios usa el proceso para afirmar el llamado.

También es importante estar dispuestas a servir en lo pequeño. Muchas veces el lugar correcto se revela cuando somos fieles en tareas sencillas. El servicio humilde forma carácter. Dios observa la actitud con la que servimos. La fidelidad abre puertas.

Escuchar consejo sabio también ayuda. Líderes espirituales y personas maduras pueden ayudar a identificar dones que no siempre vemos. Dios usa a otros para confirmar lo que Él ya sembró en nosotras. La confirmación trae seguridad. No caminamos solas.

Descubrir el lugar también implica aceptar temporadas. Habrá etapas donde servimos más y otras donde aprendemos a esperar. Dios no se apresura. Él guía a su tiempo. La obediencia en cada etapa es parte del propósito.

Débora ocupó el lugar que Dios le asignó sin forzarlo. Ella fue fiel donde estaba y Dios la posicionó. Hoy, cada mujer puede descubrir su lugar caminando con Dios. No se trata de ocupar espacio, sino de cumplir propósito.

¿Qué retos enfrentan hoy las mujeres que sirven en el ministerio?

Las mujeres que sirven enfrentan múltiples responsabilidades. Muchas equilibran familia, trabajo y servicio al mismo tiempo. Esa carga puede generar cansancio emocional. A veces sienten que deben hacerlo todo bien. Esa presión puede desgastar si no se maneja con sabiduría.

Otro reto es la falta de comprensión. No siempre el servicio de la mujer es valorado o entendido. Algunas enfrentan críticas o expectativas irreales. Esto puede desanimar. Requiere fortaleza espiritual para mantenerse firmes.

La inseguridad personal también es un desafío. Dudar de la capacidad o del llamado puede frenar el crecimiento. Muchas mujeres se comparan y se sienten insuficientes. Dios no llama a las perfectas, llama a las dispuestas. Recordar esto fortalece el corazón.

La cultura actual presenta retos adicionales. Los valores bíblicos muchas veces no son aceptados. Mantener la fe sin volverse rígidas requiere discernimiento. Dios da gracia para caminar con sabiduría. La firmeza y el amor deben ir juntos.

Servir también implica aprender a poner límites. Dar sin descanso puede llevar al agotamiento. Dios no llama al sacrificio sin dirección. El equilibrio protege el ministerio. Cuidar el alma es parte del servicio.

Débora enfrentó retos en su tiempo, pero no se detuvo. Hoy, Dios sigue fortaleciendo a mujeres que sirven con fidelidad. Los desafíos no cancelan el llamado. Dios sostiene a quienes confían en Él.

¿Cómo mantenerme firme cuando la cultura no apoya la fe?

Mantenerse firme comienza con convicciones claras. Una mujer necesita saber en qué cree y por qué lo cree. Esa claridad fortalece cuando hay presión externa. La fe firme no depende de la opinión popular. Depende de la verdad de Dios.

La Palabra de Dios es un ancla en tiempos de cambio. Cuando todo se mueve, la verdad permanece. Conocer la Palabra ayuda a discernir. Dios usa Su verdad para afirmar el corazón. La fe se fortalece en la verdad.

La manera de responder también es importante. No toda diferencia requiere confrontación. La firmeza puede expresarse con respeto. La sabiduría guía cuándo hablar y cuándo callar. El amor protege el testimonio.

Caminar en comunidad fortalece. Compartir la fe con otras mujeres anima y sostiene. Orar juntas renueva fuerzas. Dios diseñó la fe para vivirse acompañadas. La unidad fortalece la firmeza.

Aceptar que no todos estarán de acuerdo es parte del proceso. La fidelidad a Dios a veces incomoda. Sin embargo, Dios honra a quienes permanecen fieles. La firmeza produce fruto.

Débora se mantuvo firme cuando muchos se desviaron. Hoy, cada mujer puede hacer lo mismo. Dios no abandona a quienes permanecen en Él. La firmeza en la fe sigue siendo una luz.

¿Qué significa ser una mujer de oración en la iglesia?

Ser una mujer de oración significa vivir conectada con Dios. La oración no es solo una actividad, es una relación constante. Una mujer de oración busca a Dios en todo tiempo. Esa conexión sostiene su vida espiritual. La oración fortalece.

La mujer de oración intercede por otros. Ora por la iglesia, los líderes y la comunidad. Muchas batallas se ganan en lo secreto. Aunque no siempre se vea, el impacto es real. La intercesión sostiene la obra.

La oración transforma el corazón. Dios corrige, sana y renueva a través de ella. Una mujer de oración aprende a depender de Dios. Esa dependencia trae paz. La oración produce madurez.

No se necesitan palabras perfectas. Dios escucha la sinceridad. La oración sencilla también es poderosa. Lo importante es el corazón. Dios responde a la fe.

La oración también trae dirección. Ayuda a tomar decisiones sabias. Una iglesia sostenida en oración camina firme. Dios se mueve donde hay oración.

Débora fue una mujer espiritual antes de ser líder. Su conexión con Dios fue la base de su influencia. Hoy, la iglesia necesita mujeres de oración. Ellas sostienen la obra desde lo invisible.

¿Qué ejemplos actuales de mujeres de fe me inspiran a seguir adelante?

Hoy existen muchas mujeres de fe que inspiran sin buscar reconocimiento. Algunas sirven fielmente en su iglesia local. Otras influyen desde sus hogares o trabajos. Sus vidas reflejan constancia y amor por Dios. La fidelidad inspira.

Estas mujeres inspiran porque son reales. Han enfrentado luchas y dudas, pero han perseverado. Su fe no es perfecta, pero es genuina. Esa autenticidad anima a otras. Dios usa testimonios reales.

También inspiran mujeres que han sido restauradas. Sus historias muestran la gracia de Dios. Él no desecha a nadie. La restauración trae esperanza. Dios sigue usando vidas transformadas.

Ver a otras perseverar fortalece la fe. Nos recuerda que no estamos solas. La fe se contagia cuando se comparte. Dios obra en comunidad.
Las mujeres de fe actuales nos muestran que Dios sigue actuando. Sus vidas reflejan obediencia. Eso inspira a seguir adelante. Dios aún escribe historias.

Débora fue una inspiración en su tiempo. Hoy, Dios sigue levantando Déboras modernas. Mujeres comunes con fe extraordinaria. Al observar sus vidas, somos motivadas a continuar.

RESUMEN DEL CAPÍTULO 7
- El lugar en la iglesia se descubre caminando con Dios.
- Las mujeres que sirven enfrentan retos reales, pero Dios las sostiene.
- Mantenerse firme requiere convicciones claras y comunidad.
- La oración sostiene y dirige la vida de la iglesia.
- Las mujeres de fe de hoy inspiran a perseverar.

Capítulo 8
Déboras en el Hogar

¿Cómo puedo cuidar mi casa sin dejar de servir a Dios?

Cuidar el hogar y servir a Dios no son caminos opuestos. Muchas mujeres sienten que deben elegir entre una cosa y la otra. Sin embargo, Dios valora profundamente lo que sucede dentro del hogar. El cuidado diario también es una forma de servicio. Dios ve cada esfuerzo hecho con amor.

El hogar es uno de los primeros lugares donde se vive la fe. La manera en que una mujer organiza, cuida y atiende refleja valores espirituales. Servir en casa no es menor ni invisible para Dios. Cada acto hecho con intención honra a Dios. El hogar es un altar cotidiano.

También es importante entender que servir a Dios no siempre implica salir de casa. A veces Dios nos llama a servir desde allí. Criar, apoyar y sostener es parte del llamado. Dios usa esos espacios para formar carácter. Nada es desperdiciado.

El equilibrio es clave. Cuidar el hogar no significa descuidarse espiritualmente. La oración y la Palabra siguen siendo necesarias. Cuando una mujer cuida su relación con Dios, todo lo demás se ordena. Dios da gracia para cumplir ambos roles.

Servir a Dios desde el hogar requiere cambiar la perspectiva. Ver lo cotidiano como sagrado transforma la actitud. Dios honra el servicio fiel. El hogar puede ser un lugar de impacto espiritual.

Débora nos recuerda que el liderazgo comienza en lo cercano. Hoy, muchas mujeres lideran desde su hogar. Dios usa esos espacios para formar generaciones. Servir en casa también es servir a Dios.

¿Qué impacto tienen mis palabras en mi familia?

Las palabras tienen un poder profundo. Lo que una mujer dice puede edificar o herir. En el hogar, las palabras se multiplican porque se escuchan constantemente. Por eso es importante hablar con sabiduría. Las palabras dejan huella.

Las palabras de ánimo fortalecen el corazón. Un hogar lleno de palabras afirmativas crea seguridad. Los hijos y el esposo se sienten valorados. Dios usa nuestras palabras para traer vida. El lenguaje forma ambiente.

Por otro lado, las palabras duras pueden desgastar. Aun dichas sin mala intención, pueden herir. Reconocer esto ayuda a cuidar el corazón. Dios nos invita a hablar con gracia. Las palabras reflejan el estado del alma.

Hablar con amor no significa ignorar la corrección. La corrección hecha con respeto edifica. El tono importa tanto como el mensaje. La sabiduría guía cuándo y cómo hablar. Dios da discernimiento.

Una mujer que cuida sus palabras protege su hogar. El ambiente cambia cuando el lenguaje se transforma. Dios honra las palabras usadas para edificar. El hogar se fortalece.

Débora habló palabras de fe que animaron a otros. Hoy, una mujer puede hacer lo mismo en su casa. Las palabras sembradas con amor producen fruto. Dios usa nuestra voz para bendecir.

¿Cómo ser un apoyo espiritual para mi esposo e hijos?

Ser apoyo espiritual comienza con el ejemplo. Más que palabras, la fe se transmite con acciones. Una mujer que ora y confía en Dios inspira. Su vida habla aun cuando no dice nada. El ejemplo marca.

La oración por la familia es fundamental. Interceder fortalece espiritualmente el hogar. Aunque no siempre se vea, la oración tiene impacto. Dios obra en respuesta a la intercesión. La oración cubre.

Escuchar también es una forma de apoyo. Estar presente emocionalmente fortalece relaciones. Muchas veces el apoyo espiritual comienza con comprensión. Dios usa la empatía. Escuchar es amar.

Animar en momentos difíciles también es clave. Recordar la fidelidad de Dios fortalece la fe familiar.

Las palabras de esperanza sostienen. Dios usa ese ánimo para renovar fuerzas. El apoyo espiritual edifica.

Aceptar que cada miembro tiene su proceso es importante. No todos crecen al mismo ritmo. La paciencia protege la relación. Dios trabaja en cada corazón. Confiar en Él libera carga.

Débora fortaleció a otros con su fe. Hoy, una mujer puede fortalecer espiritualmente a su familia. El apoyo constante deja huella eterna. Dios honra ese cuidado fiel.

¿Qué cosas prácticas puedo enseñar a mis hijos sobre Dios?

Enseñar a los hijos sobre Dios comienza con lo cotidiano. No siempre requiere lecciones formales. Las conversaciones diarias son oportunidades. Dios se presenta en lo simple. La fe se aprende viviendo.

Modelar la oración es una enseñanza poderosa. Orar juntos muestra dependencia de Dios. Los hijos aprenden observando. La oración se vuelve parte natural de la vida. Dios se hace cercano.

Enseñar gratitud también es clave. Reconocer las bendiciones forma corazones agradecidos. La gratitud fortalece la fe. Dios se honra cuando agradecemos. Los hijos aprenden a confiar.

Hablar de Dios en momentos difíciles enseña confianza. Mostrar cómo recurrir a Dios en la prueba fortalece. Los hijos aprenden a buscar a Dios. La fe se vuelve práctica.

El amor y el perdón también enseñan de Dios. Vivir estos valores refleja Su carácter. Los hijos aprenden más por lo que ven que por lo que oyen. El ejemplo forma.

Débora dejó un legado espiritual. Hoy, una madre puede hacer lo mismo. Cada enseñanza práctica siembra fe. Dios usa esos momentos para formar generaciones.

¿Por qué mi hogar es el primer lugar donde debo liderar con amor?

El hogar es el primer espacio de influencia. Allí se forman valores y actitudes. Liderar con amor en casa impacta profundamente. Dios confía ese espacio. El liderazgo comienza allí.

Liderar con amor implica servir, escuchar y guiar. No se trata de imponer, sino de acompañar. El amor crea un ambiente seguro. El liderazgo saludable edifica. Dios se refleja en ese amor.

El hogar también revela el carácter. Lo que se vive en privado sostiene lo público. Dios ve el liderazgo en lo secreto. La coherencia fortalece el testimonio. El hogar forma líderes.

Cuando el hogar es liderado con amor, se convierte en refugio. Los miembros se sienten seguros. Esa seguridad fortalece la fe. Dios usa hogares sanos para bendecir.

Liderar con amor requiere intencionalidad. No siempre es fácil, pero es necesario. Dios da gracia. El hogar es un campo de misión.

Débora lideró con sabiduría y amor. Hoy, una mujer puede liderar desde su hogar. Ese liderazgo transforma. Dios honra a quienes lideran con amor.

RESUMEN DEL CAPÍTULO 8
- El hogar también es un lugar de servicio a Dios.
- Las palabras construyen el ambiente familiar.
- El apoyo espiritual fortalece a la familia.
- La fe se enseña en lo cotidiano.
- El liderazgo con amor comienza en casa.

Capítulo 9
Déboras en la Sociedad

¿Cómo puedo ser luz en mi trabajo o comunidad?

Ser luz en el trabajo o en la comunidad comienza con la forma en que vivimos cada día. No siempre se trata de hablar mucho, sino de reflejar valores claros. La honestidad, la responsabilidad y el respeto comunican fe. Las personas notan cuando alguien actúa diferente. La luz se manifiesta en lo cotidiano.

Una mujer es luz cuando trata a otros con dignidad. En ambientes difíciles, responder con paciencia marca la diferencia. No significa permitir abusos, sino actuar con carácter. Dios usa esas actitudes para abrir corazones. La coherencia da testimonio.

También somos luz cuando hacemos bien nuestro trabajo. La excelencia honra a Dios. Cumplir con compromiso refleja integridad. Dios se glorifica cuando damos lo mejor. La fe se ve en la responsabilidad.

Escuchar y acompañar a otros también ilumina. Muchas personas cargan con luchas invisibles. Una palabra amable o una actitud solidaria puede traer alivio. Dios usa esos gestos sencillos. La luz no siempre hace ruido.

Ser luz requiere constancia. No es un acto aislado, es un estilo de vida. Dios obra a través de la fidelidad diaria. La luz permanece aun cuando no se reconoce. Dios ve.

Débora fue luz en medio de un tiempo oscuro. Hoy, cada mujer puede iluminar su entorno. No se necesita una plataforma, solo un corazón dispuesto. Dios usa vidas coherentes para reflejar Su luz.

¿Qué significa ser justa y compasiva con los demás?

Ser justa implica actuar con integridad y equidad. Significa tratar a otros con respeto, sin favoritismos. La justicia nace del carácter. Dios ama la justicia. Una mujer justa refleja Su corazón.

La compasión complementa la justicia. No se trata solo de hacer lo correcto, sino de hacerlo con amor. La compasión mira más allá de las apariencias. Reconoce el dolor ajeno. Dios se mueve a través de corazones compasivos.

Ser justa y compasiva requiere sensibilidad. A veces implica escuchar antes de juzgar. Entender contextos ayuda a responder con sabiduría. Dios guía cuando buscamos Su dirección. La sabiduría equilibra.

En la sociedad actual, la dureza es común. La compasión destaca. Una mujer que actúa con misericordia marca la diferencia. Dios usa esa actitud para traer sanidad. La compasión abre puertas.

La justicia y la compasión también se viven en decisiones pequeñas. Cómo hablamos, cómo respondemos y cómo actuamos. Dios observa cada detalle. La fidelidad diaria honra a Dios.

Débora juzgó con justicia y actuó con sabiduría. Su liderazgo trajo orden. Hoy, una mujer puede reflejar justicia y compasión en su entorno. Dios sigue usando esos valores para transformar.

¿Cómo puedo defender valores correctos en un mundo que piensa distinto?

Defender valores correctos comienza con convicciones firmes. Una mujer necesita saber qué cree y por qué lo cree. Esa claridad fortalece cuando hay presión. Dios afirma a quienes permanecen en la verdad. La convicción sostiene.

Defender valores no siempre implica confrontar. Muchas veces se hace viviendo de manera coherente. La vida habla con fuerza. La firmeza con respeto comunica más que el debate. Dios honra la sabiduría.

Habrá momentos donde sea necesario hablar. En esos casos, el amor debe guiar las palabras. La verdad sin amor hiere, y el amor sin verdad confunde. Dios nos llama a mantener ambos. La sabiduría equilibra.

Aceptar que no todos estarán de acuerdo es parte del proceso. Defender valores puede traer rechazo. Sin embargo, Dios fortalece a quienes permanecen fieles. La fidelidad produce fruto, aun cuando no se ve de inmediato.

Defender valores también requiere oración. Buscar la dirección de Dios evita reacciones impulsivas. La oración da discernimiento. Dios guía cada paso.

Débora no se adaptó a la confusión de su tiempo. Permaneció firme en la verdad. Hoy, una mujer puede hacer lo mismo con gracia y sabiduría. Dios respalda la fidelidad.

¿Qué pasos puedo tomar para influir en mi comunidad?

Influir en la comunidad comienza con involucrarse. Conocer las necesidades permite responder con amor. Dios abre oportunidades cuando estamos atentas. La influencia nace de la cercanía. La presencia importa.

Servir es un paso clave. Ayudar de manera práctica demuestra compromiso. La acción respalda la fe. Dios usa el servicio para tocar corazones. La influencia crece.

Construir relaciones también es esencial. La confianza se forma con el tiempo. Escuchar y acompañar fortalece vínculos. Dios obra a través de relaciones genuinas. La influencia es relacional.

Ser constante es importante. No rendirse cuando los resultados tardan. La fidelidad produce impacto. Dios honra la perseverancia. La influencia madura con el tiempo.

Orar por la comunidad sostiene el esfuerzo. La oración abre caminos. Dios guía las iniciativas. La influencia espiritual nace en la oración.

Débora influyó porque respondió al momento que Dios le presentó. Hoy, cada mujer puede influir donde está. No subestimes el impacto de tu obediencia. Dios usa la fidelidad diaria.

¿Qué legado quiero dejar fuera de la iglesia?

Pensar en el legado invita a mirar más allá del presente. No se trata solo de logros, sino de impacto. El legado se construye con decisiones diarias. Dios nos llama a vivir con propósito. El legado refleja valores.

El legado fuera de la iglesia se ve en la forma en que tratamos a otros. El respeto, la honestidad y la compasión dejan huella. Las personas recuerdan cómo fuimos. Dios se glorifica cuando vivimos coherentemente.

También se refleja en lo que defendemos. Permanecer firmes en valores deja enseñanza. El legado enseña aun cuando no estamos presentes. Dios usa esas semillas.

El legado incluye a las generaciones futuras. Las decisiones de hoy influyen mañana. Vivir con integridad prepara el camino. Dios honra la fidelidad.

Una mujer consciente de su legado vive con intención. No todo será perfecto, pero será sincero. Dios usa vidas entregadas. El legado continúa.

Débora dejó un legado que trascendió su tiempo. Hoy, cada mujer también deja huellas. Vivir con propósito permite que Dios use nuestra vida más allá de nosotros. El legado es parte del llamado.

RESUMEN DEL CAPÍTULO 9
- Ser luz se vive en lo cotidiano.
- La justicia y la compasión reflejan el corazón de Dios.
- Defender valores requiere firmeza y amor.
- La influencia nace del servicio y la constancia.
- El legado se construye con decisiones diarias.

Capítulo 10
Despertando a la Débora en Ti

¿Cómo puedo descubrir cuál es mi propósito en Dios?

Descubrir el propósito en Dios comienza con una relación sincera con Él. No se trata de encontrar una tarea específica, sino de entender para qué fuimos creadas. El propósito se revela mientras caminamos con Dios. A veces no llega como una respuesta clara, sino como una convicción que crece con el tiempo. Dios guía paso a paso.

El propósito también se descubre al observar lo que Dios ya ha puesto en nosotras. Dones, pasiones y experiencias forman parte del diseño. Incluso las heridas pueden convertirse en herramientas. Dios no desperdicia nada. Todo puede ser usado para Su gloria.

Escuchar a Dios es clave en este proceso. La oración y la Palabra alinean el corazón. Cuando una mujer busca a Dios con sinceridad, Él responde. La dirección llega en el momento adecuado. Dios no confunde.

El propósito no siempre se manifiesta en grandes escenarios. Muchas veces se vive en lo cotidiano. Amar, servir y obedecer son parte del propósito. Dios se glorifica en la fidelidad diaria. Lo pequeño también cuenta.

Aceptar el proceso es importante. El propósito no se descubre de la noche a la mañana. Dios forma antes de enviar. La paciencia fortalece el carácter. Confiar en el tiempo de Dios trae paz.

Débora no buscó un propósito, respondió al llamado de Dios. Su propósito se reveló en la obediencia. Hoy, una mujer descubre su propósito caminando con Dios. La obediencia abre el camino.

¿Qué temores debo soltar para avanzar?

Uno de los temores más comunes es el miedo a fallar. Muchas mujeres se detienen por temor a equivocarse. Sin embargo, Dios no exige perfección. Él acompaña el proceso. El miedo a fallar no debe frenar el avance.

El temor al qué dirán también limita. Buscar aprobación humana puede paralizar. Dios nos llama a confiar en Él más que en la opinión de otros. La libertad comienza cuando soltamos esa carga. Dios afirma nuestra identidad.

El miedo a no ser suficiente es otro obstáculo. Compararnos debilita la fe. Dios no nos compara, nos llama. Cada mujer tiene valor en Él. Confiar en eso fortalece el corazón.

También existe el temor al cambio. Avanzar implica salir de lo conocido. Aunque incomoda, el cambio trae crecimiento. Dios guía aun en lo desconocido. Confiar en Él trae seguridad.

Soltar los temores requiere entrega diaria. No siempre desaparecen de inmediato. Pero pierden poder cuando los llevamos a Dios. Él da paz. El avance comienza con confianza.

Débora no permitió que el temor gobernara sus decisiones. Confió en Dios. Hoy, soltar los temores abre puertas. Dios fortalece a quienes confían en Él.

¿Cómo puedo usar mi voz para animar y guiar a otros?

Usar la voz comienza con palabras sinceras. No se necesita un micrófono para influir. Una conversación oportuna puede marcar la diferencia. Dios usa palabras sencillas. La voz tiene poder.

Animar implica hablar con esperanza. En tiempos difíciles, una palabra de ánimo fortalece. Dios usa nuestras palabras para levantar. El ánimo renueva fuerzas. La voz edifica.

Guiar a otros requiere sabiduría. No se trata de imponer, sino de acompañar. Escuchar es parte de guiar. Dios nos da discernimiento. La guía nace del amor.

La coherencia fortalece la voz. Cuando lo que decimos coincide con lo que vivimos, las palabras tienen peso. El ejemplo respalda el mensaje. Dios honra la integridad.

Usar la voz también implica valentía. A veces es necesario hablar aun con temor. Dios da gracia. La obediencia libera. La voz usada con fe impacta.

Débora usó su voz para animar y dirigir. Hoy, cada mujer puede hacer lo mismo desde su lugar. Dios sigue usando voces dispuestas. La voz despierta fe.

¿Por qué es tan importante orar y obedecer a Dios?

La oración mantiene la conexión con Dios. A través de ella escuchamos y somos fortalecidas. Orar no es solo pedir, es relacionarse. Dios responde a corazones sinceros. La oración sostiene.

La obediencia es la respuesta a lo que Dios habla. No basta con escuchar. Obedecer activa el propósito. Dios honra la obediencia. A través de ella, Él obra.

Orar sin obedecer limita el crecimiento. La obediencia sin oración desgasta. Ambas van juntas. La oración guía y la obediencia confirma. Dios se mueve en esa armonía.

La obediencia requiere confianza. No siempre entendemos todo. Pero Dios ve más allá. Confiar en Su dirección trae paz. La obediencia produce fruto.

Una vida de oración y obediencia fortalece la fe. Dios forma carácter. La relación se profundiza. La vida se alinea con Su voluntad.

Débora escuchó y obedeció. Esa combinación trajo

victoria. Hoy, Dios sigue buscando corazones obedientes. La oración y la obediencia despiertan propósito.

¿Qué decisión debo tomar hoy para convertirme en una mujer de influencia espiritual?

La decisión comienza con rendición. Decidir confiar plenamente en Dios. No se trata de hacerlo todo, sino de entregarlo todo. Dios obra en corazones rendidos. La rendición transforma.

También implica decidir vivir con intención. Cada día cuenta. Las decisiones diarias construyen influencia. Dios usa la constancia. La fidelidad impacta.

Decidir buscar a Dios primero cambia prioridades. Cuando Dios ocupa el centro, todo se ordena. La influencia nace de una relación viva con Él. Dios guía cada paso.

Elegir obedecer aun cuando cuesta fortalece el carácter. La obediencia diaria forma líderes espirituales. Dios respalda esa decisión. La influencia crece.

Decidir usar la vida para bendecir a otros completa el llamado. La influencia espiritual no busca protagonismo. Busca servir. Dios se glorifica en ello.

Débora decidió levantarse cuando otros no lo hicieron. Hoy, esa decisión sigue vigente. Cada mujer puede decidir despertar. Dios usa decisiones rendidas para transformar vidas.

RESUMEN DEL CAPÍTULO 10
- El propósito se descubre caminando con Dios.
- Soltar los temores permite avanzar.
- La voz usada con fe anima y guía.
- La oración y la obediencia sostienen el llamado.
- La influencia espiritual comienza con una decisión diaria.

Conclusión

Un Despertar que Continúa

Llegar al final de este libro no significa que el proceso termina. Al contrario, significa que algo nuevo puede comenzar. Cada página fue escrita para recordarte que Dios sigue hablando, guiando y llamando a mujeres en nuestro tiempo. No a mujeres perfectas, sino a mujeres dispuestas. Y ese llamado sigue vivo hoy.

A lo largo de este recorrido, hemos visto que Débora no fue levantada por casualidad. Dios la llamó en un tiempo de necesidad, cuando hacía falta dirección, valentía y fe. Ella respondió con obediencia, con una vida alineada y con un corazón sensible a la voz de Dios. No buscó un título, buscó obedecer. Y eso cambió una nación.

Quizá mientras leías, te viste reflejada en alguna de estas páginas. Tal vez en el hogar, en la iglesia, en el trabajo o en medio de tus luchas personales. Tal vez descubriste que Dios ha estado obrando en ti más de lo que imaginabas. Ese reconocimiento no es coincidencia. Es parte del despertar.

Despertar a la Débora en ti no significa hacer más cosas. Significa escuchar más a Dios. Significa caminar con fe, aun cuando hay temor. Significa usar tu voz con amor, servir con fidelidad y vivir con integridad. Ese es el verdadero impacto espiritual.

Recuerda que tu vida tiene valor. Tus oraciones tienen peso. Tus decisiones influyen más de lo que ves. Dios no necesita que seas como otra persona, necesita que seas fiel a lo que Él te ha confiado. Allí está tu propósito.

Hoy, el llamado es sencillo pero profundo: seguir caminando con Dios. Seguir escuchando Su voz. Seguir obedeciendo aun en lo pequeño. Porque cuando una mujer responde a Dios, el impacto nunca es solo personal.

El despertar no termina aquí. Continúa en tu hogar, en tu iglesia, en tu comunidad y en cada lugar donde Dios te lleve. Que este libro no sea solo leído, sino vivido. Porque Dios sigue levantando Déboras... y tú puedes ser una de ellas.

Acerca de la autora

La Pastora Viviana Colón es una mujer de fe con un corazón pastoral y maternal, llamada por Dios a caminar junto a otras mujeres en sus procesos de sanidad, restauración y crecimiento espiritual. Su llamado nace desde la experiencia, la oración y una profunda sensibilidad a la voz de Dios, especialmente hacia aquellas mujeres que han sido heridas y que, en algún punto del camino, han comenzado a dudar de su llamado.

Con un lenguaje cercano y sencillo, la Pastora Viviana acompaña a mujeres reales, en temporadas reales, recordándoles que Dios no ha terminado con ellas. Su ministerio no se enfoca en la perfección, sino en la obediencia diaria, en volver a creer, y en aprender a caminar con Dios aun cuando hay dudas, cansancio o dolor en el corazón.

A lo largo de su caminar pastoral, ha visto cómo muchas mujeres aman a Dios profundamente, pero han sido silenciadas por heridas del pasado, por decepciones o por voces que las hicieron cuestionar su valor y su propósito. Este libro nace como una respuesta a esa realidad: un abrazo espiritual, una guía amorosa y una voz que anima a levantarse nuevamente con fe.

Despertando a las Déboras Modernas refleja su deseo de ver mujeres sanas, firmes y seguras en Dios, no desde la comparación ni desde la presión, sino desde la identidad y el propósito que Él mismo ha sembrado en ellas. Su anhelo es que cada lectora pueda reencontrarse con la voz de Dios, recuperar la confianza y descubrir que aún hay un llamado vivo dentro de su corazón.

Con ternura pastoral y firmeza espiritual, la Pastora Viviana Colón recuerda que Dios sigue levantando mujeres para este tiempo, y que ninguna herida, duda o temporada difícil es más fuerte que el propósito de Dios.

www.ingramcontent.com/pod-product-compliance
Lightning Source LLC
Chambersburg PA
CBHW060417050426
42449CB00009B/1998

9 789993 330235